GERD STEINKOENIG

PROLOG

Nothing Else Matters Songtext Übersetzung (Metallica)

So nah, egal, wie weit entfernt.

Es könnte nicht viel stärker von Herzen kommen.

Vertraue ewig darauf, wer wir sind

Und nichts anderes ist von Bedeutung.

Noch nie habe ich mich in dieser Form geöffnet.

Es ist unser Leben, wir leben es auf unsere Weise.

All diese Worte, die ich nicht nur einfach so sage

Und nichts anderes ist von Bedeutung.

Vertrauen suche ich und finde es in dir.

Jeden Tag etwas Neues für uns.

Offen für eine andere Betrachtungsweise

Und nichts anderes ist von Bedeutung.

Es interessierte mich nie, was sie tun,

Es kümmerte mich nie, was sie wissen,

Aber ich weiß es. [*]

So nah, egal, wie weit entfernt.

Es könnte nicht viel stärker von Herzen kommen.

Vertraue ewig darauf, wer wir sind

Und nichts anderes ist von Bedeutung.

Es interessierte mich nie, was sie tun,

Es kümmerte mich nie, was sie wissen,

Aber ich weiß es. [*]

Noch nie habe ich mich in dieser Form geöffnet.

Es ist unser Leben, wir leben es auf unsere Weise.

All diese Worte, die ich nicht nur einfach so sage

Und nichts anderes ist von Bedeutung.

Vertrauen suche ich und finde es in dir.

Jeden Tag etwas Neues für uns.

Offen für eine andere Betrachtungsweise

Und nichts anderes ist von Bedeutung.

Es kümmerte mich nie, was sie sagen.

Es interessierte mich nie, was für Spiele sie spielen.

Es kümmerte mich nie, was sie tun.

Es kümmerte mich nie, was sie wissen.

Und ich weiß, oh, yeah.

So nah, egal, wie weit entfernt.

Es könnte nicht viel stärker von Herzen kommen.

Vertraue ewig darauf, wer wir sind

Nein, nichts anderes ist von Bedeutung.

Das Wunder des Lebens - oder: der nächste Planet

Gerd Steinkoenig·Mittwoch, 26. Juni 2019

Status Quo, Zukunft, Vergangenheit, Deja Vu, ein anderes Leben, ein zukünftiges Leben, ein momentanes Leben... Heute anders gedacht als früher, heute, morgen.

Menschen sind vorbei, die Bühne ist vorbei, war Leben 3 bis 6. Jetzt sind neue Menschen, neue Wege, neue Dialoge... Eine Sekunde lang aus Gewohnheit... Aber nein, es ist vorbei. Vielleicht in Leben 7 oder 8...

Enthusiasmus und Naivität mit Tun, z.B. TV-Moderator/Produzent oder Autor... Ist vorbei...

Enthusiasmus und Naivität mit Konzerten wie Genesis, Pink Floyd oder Neil Young oder U 2... Heute ist es egal. Gemütlichkeit und you tube und die Konzerte sind so schön bunt und im Sessel vorallem...

Next weekend in meinem Heimatort zum Fest mit z.B. Götz Alsmann oder George McCrae oder Glasperlenspiel... Dann schon ein bisschen Vorfreude, aber damals wäre das ganz anders gewesen...

Lebensfreude - ja! Lebensneugierde - ja! Aber ich bin anders!

Mal sehen mit Leben 10 oder 13... Neue Neugierde, neue Power, neue Menschen!

Im Leben sind viele, viele Wege mit Freude und Enttäuschungen. Bin gespannt wer zwischen den Lebensdimensionen das Sagen hat. Der Sinn des Lebens, damit diese Freude und Enttäuschungen den Sinn ergibt: durch Dialoge, eine Tür mit 10 Sekunden Mensch, eine Tür mit 10 Sekunden Erinnerungen mit "heute noch", durch positive Ziele und Pläne.

Viele Menschen sagen im Momentum nur Egoismus, Macht, Geld - aber "keine Sau" kapiert nicht die Ewigkeit: 2298 interessiert kein Lebewesen von 2019! Lest Eure Geschichte von 30jährige Krieg, WWI, WWII, Vietnam-Krieg etc etc. Natürlich auch sehr viel Liebe - die Menschen halt... Aber trotz großem IQ viel Naivität: Klimawandel, Tier- und Natursterben... Die Menschen machens halt... "Nach mir die Sintflut". "Wir sind ja eh nur 80 Jahre"... Aaaber. die nächsten Lebensdimensionen! SIE KAPIEREN ES NICHT!! Oder eben beim nächsten Planeten... Gott ist es egal, wo die Lebewesen sind. Wenn die Erde - schade! - bricht, dann zum nächsten Planet. Wir haben schließlich Milliarden Lichtjahre!

C P 26. Juni 2019 Gerd Steinkoenig Gerd F Steinkoenig Gerd Gerd

Das Wunder des Lebens Teil 2 - oder: ich werde Eichhörnchen!

Gerd Steinkoenig·Donnerstag, 27. Juni 20191 Mal gelesen

Diese vielen, differnzierten Möglichkeiten durch die facettenreichen Tiere... Diese Liebe und Lebensglück durch die Tiere... Dann wieder diese Menschen... Lebensraum geraubt... Die Tiere sind besser als Menschen... Vielleicht werd ich beim nächsten Leben als Eichhörnchen oder Kätzchen... Oder aber ruckzuck Tod durch den Menschen... Dann halt wieder zum nächsten Leben... Oder zum nächsten Planeten?

Querverbindungen en masse durch Synapsen, Strom, Nerven mit Musik und Gedanken... A Walk In The Park von Nik Straker Band... Nur ein Gassenhauer, aber es war 1979 in der Bundeswehr in der Kneipe... Diese Wirtin, lach... Und immer Musikbox: A Walk In The Park... You Should Be Dancing von den Bee Gees: Querverbindung mit KL 2000 und Old Vienna-Discos 1976... Ja, ja, ja: If You Leave Me Now, Time, Afterglow, November Rain, Stairway To Heaven, Revolution 9...

Begleitung im Leben durch Mensch... Dann ist der Mensch einfach weg... Warum??! Weil ich anders bin? Weil der Mensch nur ein Egoist ist? Lebensgenuss nur durch Egoismus? Das sind eben diese Lebenssequenzen und man lernt und lernt... Sinn durch neue Erkenntnisse? Meine Seele merkt es, damit ich in der nächsten Lebensdimension diese Sinnerkenntisse habe...

C P 27.06.2019 Gerd Steinkoenig Gerd F Steinkoenig Gerd Gerd

Weitere Meldungen wurden geladen.

Das Wunder des Lebens Teil 3 - nur für 3 "Mädchen" (benutzerdefiniert)

Gerd Steinkoenig·Dienstag, 2. Juli 2019

Hallo Sonne! Nee, ist zu heiß, hahaha :-D

Diverse 4 Argumente:

1) Heute hab ich meine DVD gecheckt! Info vom komischen Internet:

Spielfilm CaRabA

28. Juni um 13:42 ·

Ta-da!

Hier ist sie: Ab heute gibt es den Spielfilm CaRabA auf DVD. Erhältlich ist er u.a. über unsere

Webseite in der exklusiven Sonderedition.

Hier bestellen: https://www.caraba.de/shop

Das 30-seitige Booklet enthält Texte von Bertrand Stern (Initiator v. CaRabA), Katharina Mihm (Regie), Andreas Laudert (Drehbuch), Joshua Conens (Projektleiter), Fedelma Wiebelitz (Demokratische Stimme der Jugend) und Malchus Kern (Unternehmer).

Als Extras auf der DVD sind:

- das Gerichtsurteil aus dem Film in voller Länge

- entfallene Szenen

- Outtakes

- der Trailer

- eine Hörfilmfassung für sehbehinderte Menschen sowie

- Untertitel in Deutsch, Englisch, Französisch, Spanisch, Russisch, Niederländisch und Arabisch

#spielfilmcaraba #lebenohneschule #dvd #dvdstart #bildung #bildungsfilm #freisichbilden

2) Ist schon so lange her! CaRabA kennen Sie sicherlich nicht mehr...

Auf jeden Fall: meine Erkenntnnis von mir selbst! Profanes Zeugs im fb (lustiges Posting, aber mit Wissenschaft) von Chaos in der Wohnung, langes Aufbleiben, fluchen etc. Die größte Neigung dazu = intelligente Menschen! Das bin ich! Nein! Das WAR ich! Natürlich mit Intelligenz, Sie wissen ja, was ich meine. Was ich eigentlich meinen will, das ich mich selbst kennen kann/will. Ich hab meine Persönlichkeit, aber durch das Gehirn geht es anders! Das ist scheiße!!!!

Wenn ich arbeite (schreiben, Kreativität, Fotos, denken etc), da ist auch mal das T-Shirt von vorgestern, der Kaffee ist von gestern. Chaos in der Wohnung... Ich hatte oft 2 Uhr nachts kreativ gedacht! Heute noch! Wenn ich Gingium hab, wache ich bis 3 Uhr von der Kreativität!! Aber es geht nicht mehr für das Arbeiten, weil ich spätestens um 1 Uhr ins Bett gehe. Das war übrigens als Beispiel wegen dem T-Shirt, Frau Erzieherin, ääh Sozialpsychologin :-D Langes Aufbleiben war früher normal!!

Soll ich einfach mein Kram machen wie früher? Oder "nur" safety first Gesundheit?

3) Ich suche meinen Weg! Für Sie wieder Mainstream als Pharmalobbystin, bzw weil Sie keine Ahnung haben, aber CBD-Öl wäre für meine Medizin gut! Hat nichts mit Cannabis zu tun. Für was schreib ich überhaupt.. Ich lasse es... Zu viel Blindheit... CBD ist Medizin für mich für Naturprodukt wie Beruhigung, Nervenbalsam, innere Ruhe, positive Energie, allgemeines Wohlbefinden, auch sehr gut ohne Epilepsie! Aber ok, mit Ihnen iss halt nix...

Ich suche meinen Weg - war im Rheinland-Pfalz-Tag! Da brauche ich mehr Selbstvertrauen. Eigentlich natürlich, aber zu viel Sonne, zu viel Leute, dann doch wieder zu Hause. Ich war jeden Tag da, hab meine Pläne jeden Tag erörtert. Viele Fotos. Söhne Mannheims waren übrigens sehr cool! Gerade um die Ecke - woow.... Ich hätte mehr Power doch haben müssen! Im Endeffekt hab ich für die Gesundheit dann doch für den täglichen/nächtlichen Stress das hingekriegt.

4) Immer noch kein Neurologe, immer noch keine Kontoauszüge!! Oder rede ich mit meiner weißen Wand?!

Liebe Grüße, meine Sonne <3

Weitere Meldungen wurden geladen.

facebook

Gerd Steinkoenig·Mittwoch, 3. Juli 2019

Gefühlte Teil 291 zu facebook... Hatte diverse Versionen, meistens mit Gruppen, Seiten, Hobbies, Freunde etc, von Österreich bis Polen, von Japan bis zu Brasilien, von der Musik bis zu meinen Fotoalben, von meinen Buch-Notizen bis Horizonte von den Freunde-Jobs etc etc.

Diesmal ein facebook-Momentum! Innerhalb ca 24 Stunden: Sea Watch 3 - Kapitänin Carola Rackete wird frei!! Vorher change-Petition - natürlich waren sehr viel mehr, lach... Und es ist halt 2019: "wütend"-Likes... Natürlich noch ein Posting mit Urteilserklärung...

"Ich hasse Besuche"-Posting mit ca 20 Likes! Es ist ein Geheimnis was diese Likes sind. Im Allgemeinen: hab ein geiles Posting gemacht - 0 Likes... Das Besuch-Posting war nebenher, bisschen Witz - dann mit ca 20 Likes und zig Kommentaren... Übrigens: "Neubaugebiet-Häuschen" mit Treppchen - aber ohne Tür, die normale Hauswand...

Gezielt zum facebook: "CaRabA - #LebenohneSchule" ist ein sehr geiler Film. Bisschen Insider-Film mit Kino-Tournee und eine sehr gute Message. Hab die DVD bestellt und hab die vielen Seiten und Freundschaften aus Berlin. Querverweise, Kultur, Film, Schule bzw Nichtschule, ist sehr cool! DURCH FACEBOOK!!

Leider ist von den Analogen nur Hass, Bashing, Nazis etc - haben aber keine Ahnung von facebook, you tube, twitter, Instagram etc. Aber mithalten können und Gesetze machen...

Ja und dann viel Freunde/Freude und Spaß mit Mutter und Tochter, mit 2 schönen Frauen flirten, einfach Spaß und Genuss und Freude! Aber natürlich mit Niveau und Qualität!

Ach ja, was war noch im Momentum? Meine 22 Rheinland-Pfalz-Tag-Fotos (inkl. wochenblattreporter.de), diverse Weisheiten und Politik aktuell, diverse you tube-Videos: Polizisten (Extrabreit), Böhse Onkelz, Motörhead...

Im nächsten Moment ist es wieder ganz anders, hahaha :-D Immer wieder Erstaunen bei "vor 5 Jahren", "vor 7 Jahren" in der Erinnerungs-Rubrik...

C P 03.07.2019 Gerd Steinkoenig Gerd F Steinkoenig Gerd Gerd

Weitere Meldungen wurden geladen.

Lieber Großvater, mein Lieblingsverwandter,

Gerd Steinkoenig·Mittwoch, 3. Juli 2019

ich bin für die Zukunft, aber im Resumee möchte ich mit Dir schreiben für Unterhaltung, Information, Zeitoase etc...

In meinem Kopfkino sehe ich Deine Wohnung - als wäre es erst gestern gewesen. Dein Sessel, über Dir hinten der Radioempfänger (die großen rechteckigen Kasten mit den vielen Senderorte), links ist der Vogelkäfig an der Wand, und geradeaus der Fernseher (immer "heute", nie "Tagesschau"). Links vom Fernseher ist der WohnKüchenschrank. Da ist auch der Schlüssel - ist Insider, hahaha... Rechts vorne ist der WohnKüchentisch. Neben Dir war mein Stuhl. Und rechts vom Tisch Dein Stuhl zum Essen. Lieblingsessen von Dir war Rindfleisch und Krumbeerstampes oder Krumbeer mit Meerettischsoße!!!! Das Fenster hatte eine Art Vorrichte. Untendrunter ein Vorhang mit Krimskrams. Obendrüber rechts war Dein Tonbandgerät. War nur ein Band, aber immer schön. "Diese Welt" mit Katja Ebstein. Oder von mir gesungen mit Mikrofon mit "Männer mit Bärte". Hier - Gott sei Dank von you tube... - dieses Lied. War mein Lieblingslied von Dir. Oder Vater? Oder Dich von Dir? Durch Dich hatte ich einen WWI-Song gelernt. Aber Vater... Lassen wir´s, lach... "Jan und Hein und Glas und Pit", hier issa nochmal mit "Männer mit Bärte": https://youtu.be/on-CuaGMveg

Ich müsste wieder zu den Volksliedern informieren. Natürlich nicht den Neuen Schlagerscheiß oder Volksmusik (weißt Du noch nicht, was mittlerweile ein Qualitätsverlust ist, Du kanntest noch die 60er oder 70er Schlager, aber Helene Fischer???? Du würdest im Grabe umdrehen...). Irgendwas mit "Staner in de Eck", das alles zu recherchieren. Aber, lieber Großvater, heute im Jahre 2019 ist so eine Ecke gleich Nazikram. Du hattest noch mit Peter Alexander noch Böhmenlied oder sowas. Das geht heut nicht. Du kennst mich, das ich mein Sturkopf und Gerechtigkeitsfanatiker bin - also Die Linke oder sowas... Weißt Du das überhaupt? Diese sogenannte AfD ist im Bundestag. Das Vierte Reich ist in naher Zukunft parat...

Aber wieder zu uns! Dein Sohn und mein Vater ist am 17.02.2017 gestorben. Du lachst spontan gleich "Hihihihi".... Ich weiß, was Du meinst, lach. Er war viel zu früh gestorben. Die Mutter ist nun allein und macht ihren Weg.

Wir hatten einen großen Dialog zu diesem Buchbio. Du hattest im Sessel gelesen und ich hatte geschrieben. Das war ca 1970,71, 72... Du hattest noch ein Foto vom Krieg mit Dir und ich Kind hab ein Kreuz gemacht, damit ich weiß, wer Du bist - auf Deinem Gesicht, lach :-D Mitte der 70er hatte ich nochmal interviewt,z.B. Lieblingsgetränke, Lieblingszigaretten etc. Leider ist diese Buchbiografie (rote Pappordner) verschollen! Das ist sehr sehr schade! Ich hatte von Dir WWI und WWII, hatte sehr viele Erinnerungen. Einmal hast Du "geschennt", weil ich ein Kapitel abgekürzt hatte... Laaangweilig.... Es ging um Gefangenschaft in Frankreich in WWII, aber echt zu langweilig mit Kartoffeln und das und das... Tja, und dann abgekürzt, da hattest Du Blutdruck, lach :-D Durch das Buch war z.B. Schlacht um Skagarak (WW I) oder Normandie (WW II).

Ich hab die ganze Wohnung im Blick. Rechts der Gang, dann rechts das kleine Zimmer und links in der Küche (vom Sessel) Dein Schlafzimmer. Da war noch ein kleines Bett, da sollte ich Mittagsschläfchen machen. Noch eine Erinnerung: da war die Sci Fi-Serie "Invasion von der Wega". Ich dann "bitte bitte bitte Grooßvaater!!" - "Allahopp, aber danach gleich ins Bett". Endlich "Invasion von der Wega" - war ca 69 0der 70 (ich bin Bj 59). Danach ins Bett. Das Hemd über den Kopf, wird dabei dunkel und aufeinmal rooot. Mein kleines bisschen Horrorchen...

Das Allerschönste war in den 60er Jahren mit Dir, lieber Großvater! Immer mit dem Fahrrad, ich vorne dran, ich war immer geborgen und gefahrlos durch Dich. Und unser Wald! Im Sommer war richtig Sommer - das war in den 1960ern, nicht anno 2019... Und beim Waldweg waren sehr viele Mauselöcher. Das kennt leider kein Mensch mehr. Aber wir hatten diese Mäuselöcher, und Du hast gelehrt für die Zahlen. Ich dann:" 1, 2, 3, 4..." So mit 4 oder 5 Jahren... Irgendwann kamen wir auf eine Bank. Du wolltest ein Stündchen schlafen. Ich wartete auf den "Befehl": "Oben beim Baumwipfel die Sonne beobachten, wenn da und da die Sonne ist, dann weckst du mich auf". Und ich motivert voll dabei...

Lieber Großvater, heute sind wir in einer anderen Welt! Respektlosigkeit, Würde, Niveau, Anstand, das ist alles vorbei. Die Chefs sind heutzutage schlimmer wie die Arbeiter - beim Charakter! Ich erinnere mich sehr gerne im Kopfkino von Mutterstadt (oder Vater und Mutter in Schifferstadt) oder später die Tradition mit Heilig Abend-Nachmittag (Mutter hat den Baum geschmückt und wir erzählten). Es gibt Weiteres, aber Hauptsache, es ist in meinem Kopf und Geist: Autopanne von Vater in den 60ern zwischen Schifferstadt und Mutterstadt, Stierkampf-Film am Heilig Abend-Nachmittag - zu spät wegen dem lehrreichen Film (wollte auch Vater!), mein neues Auto damals durch Dich (80er...) etc etc...

Wilhelm Steinkönig 1895 bis 1987

PS: Du hast einen coolen Abgang gemacht! Respekt! Du hattest Deine Freiheit! Ach ja: ich habe durch Dich das Buch "100 Jahre BASF" immer noch... Ach noch was: hab Deine Straße Johann-Sefrit-Straße gecheckt. Leider kein Foto. Hab den Straßenplan erörtert. Aber ich hab leider keine Ahnung vom neuen Mutterstadt! Erkenne ich Mutterstadt? Welche neuen Leute die da wohl sind... Die kennen kein Mutterstadt 1964...

C P Gerd Steinkoenig Gerd F Steinkoenig Gerd Gerd 03. Juli 2019

ZUM AUFRUF, IHR LIEBEN <3 :*

Gerd Steinkoenig·Donnerstag, 4. Juli 2019·1 Mal gelesen

Zum Aufruf, aber zuerst: sehr wahrscheinlich ist ca 2050 empty von der Menschheit (Klimawandel, Naturzerstörung, Umweltverschmutzung etc) - also sollten wir nun die Tat zum Tanz auf den Vulkan lachen... "Highway To Hell" oder "Stairway To Heaven"?!

Mein Autorjob war 2017 bis 2019, von "Blood On The Rooftops" bis "Danach" (9 ISBN-Bücher). Mit Pseudonym möchte ich noch ein ultimatives Buch schreiben. Für mich wäre es sehr super mit Texten, Meinungen, Statements, Prosaen, Dichtung, Aufsatz von Euch!! Am allerbesten Euch über mich: Launen, Biografie, Hobbies, Musik, "Break" etc.!

Namen oder kein Namen ist unwichtig. Es wäre ein sehr geiles Buch durch Euch. Bisher habe ich nur ein paar Kapitel geschrieben, z.B. die Notiz "Lieber Großvater". In diesen 9 ISBN-Büchern war es als roter Faden "Gerd´s Biografie", deshalb wäre das von Euch gut. Meine Bio durch Euch. Auch Kritik!

Ich freue mich, Ihr Lieben :-D <3

 Euer Gerd Steinkoenig Gerd F Steinkoenig Gerd Gerd

04. Juli 2019

Weitere Meldungen wurden geladen.

Musik fühlen... (Hallo Mrs. P)

Gerd Steinkoenig·Freitag, 5. Juli 20194 Mal gelesen

Ich hab meine Bekannte/Kollegin, was weiß ich... OK OK, die Mrs. P, hahaha :-D Sie ist sehr faszinierend. Mein Leben ist schön für Lebensneugierde, Lebensvielfalt. Dadurch faszinere ich mit Ihr! Bei ihr erinnere ich mich an die Hauptdarstellerin von der US-Serie "Bones": "Ich weiß nicht was es bedeutet", war der Satz von der Hauptdarstellerin. Sie war in Afrika etc in den Ausgrabungen von Knochen, außerhalb der Zivilisation. Sie weiß nicht in den lebenstäglichen Routinen, TV-Serien, Filme oder die Bedeutungen der Wörte. Und die Musik! Da ist meine Mrs. P als Klassik-Expertin. Auf jeden Fall! Und noch so ein bisschen Jazz. Wir sind beide vom Baujahr 1959. Wir haben die gleiche Linie. "Rock Your Baby" von George McCrae hatte sie kennengehört in dem Eröffnungsgala im Rheinland-Pfalz-Tag. Der Song war 1974, ist ewig her, aber die Leute haben frenetisch gefeiert - auch die 60 oder 70jährigen. Weil das ein ewiger Nr. 1-Hit war, der erste Disco-Hit ever, das weiß JEDER. Aber meine Mrs P. hatte sie vorher nicht gehört... "Music" von John Miles war auch dabei. Song anno 1976. War anders, natürlich wie immer die Melodie und Klassik, aber viel Big Band. Auch zum 1.mal gehört, aber da war sie begeistert. Mal gespannt, ob sie das Original 76 hört - vielleicht am Anfang zu viel Gitarren... (von ihr aus gesehen).

Sie hatte vor ein paar Wochen ein bisschen Pink Floyd gehört, z.B. "Time", "Comfortably Numb" oder "When The Tigers Broke Free". Die klassische Ausbildung hat sie anscheinend genossen. Dadurch müssten sie auch das "Fach Musik" checken - auch logischerweiße von Rock und Pop. Es wäre schön, wenn sie diese Aufgabe hätte, ein Kurs für je 2 Stunden in der Woche für 4 Wochen oder so. 2 Stunden dann halt wegen der Musik. Denn nicht nur die Klassik, sondern auch Rock und Pop sollte ein Song komplett hören können. Und auch die Theorie: die Rock-Komponisten können auch singen bzw die Instrumente spielen. Beethoven singt nicht, Bach dirigiert, aber Lennon/McCartney komponierten, arrangierten und sangen/spielten! Das Mrs. P diese Theoriesätze im Hinterkopf hat, lach :-D Ein kleiner Insider für Mrs. P: Bryan Ferry vom Babylon Berlin-Soundtrack war Komponist UND Sänger... Vielleicht tatsächlich hat sie ein bisschen Vorurteil von Hardrock und Disco und die Oberflächlichkeit - die Klassik hat doch solch ein Niveau... Aber die MUSIKER von Rock und Pop ist sehr ernstzunehmen: Progrock von 70erGenesis bis Yes bis Pink Floyd ist hohes Niveau! Aber auch alle anderen Genres von Metal bis Pop, von Blues bis Country etc...

MUSIK FÜHLEN heißt das Thema! Je nach Laune durch den Job, den Tag, dem Gefühl, Wochenende, dementsprechend Rock oder Popmusik mit z.B. Motörhead (Aggro, abreagieren), AC/DC (Paarty), Genuss mit Kopfhörer (Kraftwerk, Pink Floyd, The Beatles...), Texte für das Lebensmomentum (Erinnerungen/Böhse Onkelz oder Heroes/David Bowie...), Liebe (If You Leave Me Now, The Dark Side Of The Moon, Moments Of Love), tanzen (Donna Summer, Techno...) etc etc... Musik FÜHLEN!!

 Und für Sie Musikneugierde! Mal mehr als 5 Minuten.. Sie kennen die Radiohits bzw Mainstreamhits - ääh kennen Sie??! Auf jeden Fall, das Sie denken können, "wow, ist das ein Song, ist ja ganz anders, erstaunlich". Ich denke da z.B. "Autobahn" (Kraftwerk) oder "Teardrop" (Massive Attack feat. Liz Fraser). Ich hatte vor Monaten ein paar Videos geschickt auf PN - aber Sie wollen fb ja nicht. Ob Sie im e-mail von vor ein paar Tagen DOCH "Music 1976" tatsächlich hören?

Ich weiß, Sie haben viel Jobstress. Aber gerade deshalb brauchen Sie Harmonie, innere Ruhe, Entspannung mit Rock und Pop!! Nicht nur intelligente Klassik, sondern einfach kopffrei Musik fühlen!!

C P 05. Juli 2019 Gerd Steinkoenig Gerd F Steinkoenig Gerd Gerd

Weitere Meldungen wurden geladen.

ROCK n ROOOOOOOOLL im 20. Jahrhundert!

Gerd Steinkoenig·Samstag, 23. Februar 20192 Mal gelesen

In der Kürze liegt die Würze...

Referenz: Rocklexikon (2 Bände, ca 2000 Seiten, Rowohlt, 2008)

Und jetzt gehts looos, gaaanz schnell:

1950er - Chuck Berry (Komponist überall), Elvis Presley (Sänger überall), Little Richard, Buddy Holly, Jerry Lee Lewis, The Platters, Duane Eddy, Gene Vincent, Bill Haley (Rock Around The Clock), many more

1960er - Bob Dylan (2016 Literatur-Nobelpreisträger, wegen seiner Songtexte), Joan Baez (Frieden!!), The Beatles (die Fab Four des 20. Jahrhunderts, Sgt. Pepper als erstes Kunstwerk, FanMania), Rolling Stones (Satisfaction), The Who, Kinks, The Doors (Light My Fire), Cream (die 1. Supergroup, Clapton Is God), Yardbirds, Dusty Springfield, Janis Joplin, Jimi Hendrix, CSN&Y, Miles Davis, John Coltrane, Beach Boys, Procol Harum, Walker Brothers, Motown-Sound (The Supremes!), many more - mit Beat, Folk, PsycholdelicRock,

Jazz, Woodstock, Altamont, Experimente von Musiker und Plattenlabels...

1970er - Reich! Nr. 1-Hit und REICH! Hotelzimmerverwüstungen, Dolce Vita - und viel Musikexperiment (im 21. Jahrhundert gibts das nicht, nur 08/15-Uniformierung). Deep Purple (Made In Japan), Led Zeppelin (Untitled), Pink Floyd (The Dark Side Of The Moon), Genesis (The Lamb Lies Down On Broadway), Supertramp, David Bowie, T. Rex, Sweet, Kate Bush, The Police, Sex Pistols, Clash, Ramones, Joni Mitchell, Randy Newman, Neil Young, Bruce Springsteen, Chic, Bee Gees, Donna Summer, AC/DC, Frank Zappa, Eagles, Bob Marley, Stevie Wonder, Kraftwerk, Fleetwood Mac, many more - mit Progrock, Punk, Glamrock, Disco, Saturday Night Fever, Studio 54, Hardrock, Reagge, Funk, Soul, Shaft, Car Wash, Krautrock, Bowie´s Berlin...

1980er - Benefiz! Live Aid 1985! Nelson Mandela-Konzert 1988! Hair Metal, SuperPop, NDW, Deutschrock, das letzte große Jahrzehnt (im 21. Jahrhundert ist kein Geld da)... Madonna(Like A Prayer!), Prince (Purple Rain!), Michael Jackson (Billy Jean!), Pet Shop Boys (West End Girls!), die "Alten" weiterhin: Genesis, Pink Floyd, Eric Clapton, Rolling Stones...., dann die Dire Straits, Tears For Fears, Depeche Mode, Bon Jovi, Mötley Crüe, Motörhead, Guns n Roses, Metallica, Scorpions, Nena (Nr. 1 GB, Nr. 2 USA), Tracy Chapman, Kim Wilde, Tina Turner, Bryan Adams, Peter Gabriel, Phil Collins, U 2 (The Joshua Tree!), Popjahrzehnt! Und "The Message" (Grandmaster Flash & The Furious Five).

1990er - die letzte Rockrevolution (Grunge), Aufbäumen des alten Rock (Guns n Roses), seit Jahrzehnte die großen Künstler und Bands (in den 60ern/70ern, uiii, über 30??? - mittlerweile die großen Alterswerke - gerade im 21. Jahrhundert mit RockKlassikerAlben), Massive Attack und Portishead (Trip Hop), 2 Pac und Ice T (Hip Hop), Nirvana, R.E.M., Pearl Jam, The KLF, Marusha und Sven Väth (Techno), many more - mit Loveparade, Raves, alles dabei von Metal bis Trance... Und Oasis vs Blur...

Von Abba bis Zappa, hahahaha :-D Und viele sind ewig dabei: Neil Young von den 60ern bis heute, von Bob Dylan bis heute, Paul McCartney von den 60ern bis heute...

C P 23. Febr. 2019 Gerd Steinkoenig Gerd F Steinkoenig Bilder, Weisheiten, Sprüche by Gerd Steinkoenig

PS... 1 Stunde später... Da wäre ja noch Queen, Marillion, Simon & Garfunkel, Santana, Jethro Tull, Linda Ronstadt, ZZ Top, Sade, Can, Rainbow, Earth Wind & Fire, "Mr. Blue Sky" (E.L.O.), "Africa" (Toto).... Sooo viel geile Musik des 20. Jahrhundert...

Cowgirl In The Sand, Sauerstoff, gleichzeitig im Momentum auf der Erde!

Eben gerade "Cowgirl In The Sand" von Neil Young... Lebensbegleiter, Seelenverwandter... Vor gefühlten 1000 Jahren DEN Song gehört!! Bei gefühlten Ewigkeiten in 1000 vergangenen Lebens in Gefühlen, Zeitgeister, Zeitoasen... Mein Kopfkino, eine schöne Frau, in 1000 Jahren... So oft Hoffnungen, Euphorien, Träume - und dann doch nicht...

Super Bowl! Tom Brady zum 6.mal... Die Erde: gestern Abend in den USA mit Party, DAS Jahresevent, Familiendramen wegen Super Bowl, Liebe wegen Super Bowl... Die Erde rast um die Sonne... Kein Mond? Dann nur alle 8 Stunden pro Tag und massig Orkane - "nur" ohne den Mond... Die Erde wirbelt um die Sonne... Ein Wunder, das das alles so klappt. Es ist einfach so! In der Erdhülle unter der Atmosphäre sind die krakelenten Polterer: Luft? Sauerstoff? Klima? Natur? Scheißegal! Nach mir die Sintflut: Trump und die Weltherrschafter...

Gleichzeitig in DIESEM Moment: in 100000 Landschaften, Gegenden, Faunas, Infrastrukturen... eine Frau wird in Indien vergewaltigt, ein Mann stirbt in Venenzuela, tatsächlich ein Sack Reis in China umgefallen, eine Frau in Nigeria ermordet, zwei Menschen in Zweisamkeit in Japan, gleichzeitig auf der Erde mit Tag und mit Nacht - Guten Moooorgen und gleichzeitig Gute Nacht, Nazis aus aller Welt wegen einem Flecken Erde im Staubkorn im Weltall, ein Liebespaar in Deutschland, die Arbeiter arbeiten überall von Argentinien bis Estland, die Bonzen lachen überall von den USA bis Singapur... Alles GLEICHZEITIG!!

Gerd Steinkoenig Gerd F Steinkoenig C P 4. Februar 2019

Weitere Meldungen wurden geladen.

Lieber Vater...

Hatte für heute - 2. Todestag von Vater - eine e-mail für Mutter und die "Members", Deine Freunde vom Urlaub in Fuerteventura. Sie fühlt sich wohl durch die Freunde und die Wärme (vom Wetter). Heute hat sie bestimmt geweint... Nehm ich an... Ich selber dachte manchmal mit Dir, wenn ich Probleme hab. Ich sinniere und dann ist im Kopf Dein Gesicht... Und wenn

Du lachst oder die bestimmte Gestik, dann weiß ich, das wird klappen! 2017 warst Du ein Schutzengel für mich- danke!

Und nun der Party-Palaver bei Bier und Fresschen, hahaha :-D

PROLOG

Aus meinem nicht-ISBN-Buch "Rust Never Sleeps":

"Weißes Album" (The Beatles)

Ca. 1975 oder 1976 habe ich das "Weiße Album" der Beatles gekauft. Diese 4 legendären Fotos. Im alten Plattenschrank der Eltern gespielt. "Revolution No. 9" war wow, was ist denn das. Ich weiß noch, wie Vater meinte, was das soll, das wäre doch alt... Heute ist Wikipedia... - mit den Musiken (Stand 1968) aus dem 20. Jahrhundert von Hardrock, Blues, Balladen, Ragtime, Folk, Country... Meine Eltern haben das nie geschnallt: ein Gemälde ist auch in 200 Jahren ein Sinngenuss, aber diese komischen, langhaarigen Rockmusiker? Songs für die 'Ewigkeit im Sinngenuss aus dem "Weißen Album" z.B. "While My Guitar Gently Weeps", "Happiness Is A Warm Gun" oder "Dear Prudence".

ANEKTODE

Vater und ich und die Musik... Er war Fan von Milva (diese roten, wallenden Haare, er liebte rote Haare) oder Glenn Miller mit "In The Mood" (er liebte diesen Swing-Song). Oder Conny Francis, oder Caterina Valente... In den 1970ern war Samstag mit Bundesliga-Konferenzschaltung im Radio, Sportschau und ZDF-Hitparade mit Katja Ebstein (er liebte die Katja), Bernd Clüver, Michael Holm, Marianne Rosenberg, was weiß ich... Und danach Familienabend mit "Am laufenden Band"... Und trotz dieser "komischen, langhaarigen Rockmusiker", hat er LPs von mir reingezogen - Kopfhörer an den Ohren, zugehört, auch nachgefragt! Ich erinnere mich an "Fools Ouverture" von Supertramp.

Pilze sammeln in den 1960ern, Urlaubsfahrten nach Österreich oder Südtirol, Bundesligabesuche "uffm Betze"... Jaa, genau, Vater und ich und der Sport. Die Fahrten zum Elternhaus waren zumeist Dialoge über Fußball... Er selbst war ja ein Sportstar! Leichtathletik-Star durch Deutsche Polizeimeisterschaften, Handball-Star im Feldhandball (!!). Im Fernsehen war Vater der Insider. Wenn der Läufer soundso drauf ist, der Handballer Tore schießen will (d.h. wirklich "schießen", hab ich von Vater gelernt). Mutter hatte gebibbert um die Lebenserwartung des Stuhles, hahaha. Er hat immer "mit gespielt", er hatte durch Po und Beine auf dem Stuhl getanzt - gerade beim Fußball! Unvergesslich im Fußball war das Bundesligaspiel des Jahrhunderts (tatsächlich vom DFB) 1. FC Kaiserslautern - FC Bayern München. Beckenbauer, Maier, Müller, Breitner - Ihr wisst schon... Bayern führten locker mit 4:1. Und dann kamen die Roten Teufel! Ich saß in der Badewanne (Ihr wisst schon: Samstag... Konferenzschaltung im Radio, ZDF-Hitparade, Am laufenden Band, und natürlich auch Badewanne, hahaha), "hier Kaiserslautern 2:4" - "wieder Kaiserslautern 3:4...". Ich bin beinahe ersoffen, am Schluss 7:4 gewonnen für den Betze!!!!!!!!!!!!!!!! Vater ist alle 3 Minuten hergelaufen: "Vati, Vati, de Betze"...

Aus früher Kindheit durfte ich plötzlich nachts Fernsehen. Was war geschehen? "Sandmännchen" war schon lange vorbei, lach. Boxen: es war Ali! Vater hatte das historisch betrachtet. Er hatte die Vision, das ich in 20 oder 30 Jahren später für dieses Live-Zeugnis erleben konnte. Joe Frazier! Ken Norton! Ali ist heute noch mein Held. Lebenswege hatte ich durch Vater. meine Zukunft. Zum Lesen hatte ich - neben Karl May - die Werke von John Steinbeck, Ernest Hemingway oder Pearl S. Buck. "Die gute Erde" von Pearl S. Buck ist heute noch mein Lieblingsbuch. Als Kind, das zu lesen, war Lebensweg durch Vater.

Die Familie war für Vater die Nummer 1! Für Mutter und für den Sohnemann, lach. Er hatte seine Ziele und Pläne. Seine Lebenswege von Zeit zu Zeit abchecken: seine Berufskarriere, das Eigenheim seit September 1972, seine Familie. Vater hatte immer ein goldenes Herz!

EPILOG

Tja, Vadder! Die Nazis machen gerade die Weltherrschaft, de Betze ist in der 3. Liga, in dem Sinne: Ärgere Dich nicht! Du hast Deine nächste glückliche Lebensdimension, Du hast Deine unsterbliche Seele! Tschüss, bis dann!

Weitere Meldungen wurden geladen.

Zeitgenössische Rockmusik aus Zeitgeist, Momentum, um DIE Musik einzufangen...

Gerd Steinkoenig·Sonntag, 7. Juli 20191 Mal gelesen

https://youtu.be/1En47iPE9qE Deep Purple - New York 1973 - Full Concert (22:22)

https://youtu.be/EP-jH3p36rw Led Zeppelin "Since I´ve Been Loving You" - Live 1973 (8:02)

https://youtu.be/6vm4NkGkljg Genesis - Mama (Invisible Touch Tour 1986) (7:52)

https://youtu.be/UI4-r8Vx8qM Pink Floyd - One Of These Days (live 1994) (7:03)

https://youtu.be/AqZceAQSJvc Santana - Soul Sacrifice "Woodstock 1969" Live Video

Hallo, Mrs P

Auf den Punkt durch die Überschrift!

Desweiteren in der Reihenfolge über die Übersicht: Deep Purple ist beim 1.Song das Duett von Gitarre und die hohe Stimme und danach der 70er Gassenhauer "Smoke On The Water" / Led Zeppelin haben 1973 in NYC Madison Square Garden DAS Konzert des 20. Jahrhunderts gespielt! Wieder das Duo, Sex Symbols de luxe, Sänger und Gitarre. Hab natürlich die komplette DVD. Für Sie DIESEN Jahrhundertsong! (Bei Purple und Led Zep waren viele künstlerische Differenzen - aber gut für die Fans für immer-mehr-Können! Auch bei L;ennon/McCartney -Beatles) /Genesis ist mein Konzert von 1986 - Popphase, nicht Progrock, aber trotzdem guuuut!! Da können Sie das nachvollziehen: das ist also ein Konzert von Herrn Steinkönig , lach :-D / Pink Floyd zeigt Geld ohne Ende: Lightshow über alles. Im Konzert war auch noch Laser. 1987 hatte ich das PF-Konzert, aber you tube hat die besseren Filme, lach... Tja, und heute nur noch "Ohne-Geld-Nur-noch-Mainstream" /Und das 5. Video ist für Sie: "Samba Pa Ti" (Santana) und DAS ist Latin Rock de Luxe in Woodstock! Tanzen Mrs P, tanzen!!

07.07.2019 C P Gerd Steinkoenig Gerd F Steinkoenig Gerd Gerd

Sommer-Poll 2019

Gerd Steinkoenig·Montag, 8. Juli 2019

Song - Erinnerungen (Böhse Onkelz)

Album - Babylon Berlin (Soundtrack, inkl. Bryan Ferry)

TV-Serie - Charite (ARD)

Film - CaRabA #LebenohneSchule (Top 10-Film ever!)

Buch - Der Steppenwolf (Hermann Hesse) / lese ich gerade!

Tja, das war´s!

Von 1977 bis 1992 hatte ich auch diese spaßigen Polls: Rumours (Fleetwood Mac) oder I Don´t Like Mondays (Boomtown Rats) oder ant then there were three (Genesis) oder was weiß ich, hahaha...

C P 08.07.19 Gerd Steinkoenig Gerd F Steinkoenig Gerd Gerd

Weitere Meldungen wurden geladen.

AUßEN VOR!

Gerd Steinkoenig·Mittwoch, 10. Juli 2019·1 Mal gelesen

2017 war Enthusiasmus mit meinem 1. ISBN-Buch. Am 17.02.2017 war mein Vater verstorben, aber trotzdem (durch mein Glaube): Enthusiasmus durch mein Seniorenbetreuer-Job seit 01.01.2017. War im A-Arbeitsvertrag sozusagen. Na ja, dann war diese Mobbing-XXXXze! Aber trotzdem: Enthusiasmus durch weitere Jobs. War verzweigt durch Betreuerjobs oder Alternative oder anders, aber Hauptsache Ziel und Plan! Sogar nach dem "Break" war in den Kliniken Alzey/Bad Bergzabern "Enthusiasmus", lach... Hauptsache Freiheit, Freiheit, Freiheit! Da war viel Scheiße (die Vögelschwärme... "Gefängnisbalkon": sonntags, Unfreiheit) - siehe z.B. das ISBN-Buch "Danach" oder no isbn-Buch "Das Eichhörnchen aus der Dimension", aber trotzdem: Freiheit, Unabhängigkeit, Zukunft!

2019! Außen vor! Freiheit und Unabhängigkeit? Im Kopf! Im Traum! Beim schlafen... Aber die Realität? Dezember 2017 bis ca. März/April 2018 Sozialpsychologinals "Gouvernante"... Lebensqualität mit Kinobesuche oder Stammkneipe oder Eiscafe durch die Psycho, aber ich bin außen vor!! Ich bin eine Marionette durch die "Betreuerin" (Anwältin) und der Psychologin. Am Fernseher merke ich dies und das an Dialogen, Erinnerungen, mitten im Leben. Außen vor! Ich bin der König des Klienten der Anwältin - das wäre normaaal. Aber ich bin da bloß der Depp. Sie schnauzt mich immer an und Infos iss nix! Momentan Verärgerung durch meinen Vermieter - was ist das Ziel? Infos durch Anwältin? Oder sie macht als Volljuristin alles klar für mich, aber keine Infos. Außen vor...

Zukunft des Lebens: Träume, Ziele, Pläne, aber was kann ich machen? Seit ca. 1 1/2 Jahren diese Tretmühle! Die Psycho meinte, ich wäre unterfordert. Klaar! Wenn ich unabhängig INDIVIDUELL mein Ding mach! Ich kann nicht alles machen, was ich nicht machen kann. Running Gag: Wohnung und angeblich sauber... Das meine ich halt. Ist ja irgendwo kindisch, aber so ist es! Weil ich Schlaganfall hatte, plus Epilepsie, und neuerdings Lichtpunkte (war nur einmal, Gott sei Dank!!), darf ich nicht machen, was ich will!! AUßEN VOR!!

Mit dem neuesten Buch wird mein 10. ISBN-Buch. Sollte eigentlich kein Buch sein. Aber meine Statements und Seelenschreie... 10 ISBN-Bücher: Das 1. Buch Enthusiasmus, musikfanliche Naivität, Lebensglück! Das 10. Buch ist außen vor, mit "damals im erlebten

Leben"! Innerhalb von 2 1/2 Jahren, woow!!

C P Gerd Steinkoenig Gerd F Steinkoenig Gerd Gerd 10.07.2019

Weitere Meldungen wurden geladen.

AUßEN VOR Teil 2

Gerd Steinkoenig·Donnerstag, 11. Juli 2019

Gemach, gemach, alles ist gut! Ich hatte gestern negative Gedanken und wieder viel über Freiheit und Ungerechtigkeit etc. Das ist das Leben halt, den Weg weiterhin positiv gehen. Nicht wegen dem grrr-Mensch oder sonstwas, sondern mein ziel und Plan! Ein bisschen Nachtrag: es stimmt ja schon von "Außen vor", z.B. "meine Frauen": mal ein Date, dann "nur noch" PN / oder das hübsche Barfuß-Frauchen (hach!!) / oder die Frau aus woanders (auch ein Date, wieder "nur" PN / oder mein Engel (wirklich mein Engel)/ aber was soll ich machen?! Ich muss mehr Power machen! Selbständig alles agieren! Nicht nur JETZT, sondern wirklich ALLES mit positive Wege etc. Mehr Entscheidung! Nicht warten wegen Job, Frau, desweiteren! Mehr Selbstvertrauen!

C P Gerd Steinkoenig Gerd F Steinkoenig Gerd Gerd

"Mama Loo" - 1973 hui! 2019 pfui!

Gerd Steinkoenig·Donnerstag, 11. Juli 2019

Sah auf you tube von "Mama Loo" mit den Les Humphries Singers. Das war 1973! Da war Aufbruch durch die 68er, "Freie Liebe", Love & Peace - auch mit Schlager... Vom Staat war Vertrauen mit Willy Brandt, Walter Scheel. Respekt und Menschenfreund der Gesellschaft. Experiment, Idealismus, Spaß, Tanz auf den Vulkan mit Kalter Krieg und Baader-Meinhof-Gruppe und ZDF-Hitparade und Musikladen... Und bei den Les Humphries Singers (mit dem Typ von Uriah Heep und Jürgen Drews) war Hippie-Gemeinschaft, bunter Haufen, diverse Nationen, schwarze Haut, weiße Haut! Das war 1973 normal!! Heute? 2019? Staatsmainstream, Vorzeige-Schwarzer, Vorzeige-Integrationsmensch, kein Vertrauen im Staat, kein Respekt!

Referenz: https://youtu.be/1ePvZ3ZZy2A Mama Loo, Les Humphries Singers

C P 11.07.2019 Gerd Steinkoenig Gerd F Steinkoenig Gerd Gerd

Weitere Meldungen wurden geladen.

Meine 4 Jahre im ganzen Leben (2015 - 2019) - heute vor genau 4 Jahren!

Gerd Steinkoenig·Samstag, 1. Juni 20193 Mal gelesen

Heute vor genau 4 Jahren! Sprung über die Schlucht... Umzug... Auf nach Annweiler! Vorfreude! Neugierde! Lebensfreude! Das geile Universum! Die idyllische Natur! Die tollen Freunde! Für mich ist es eine Ewigkeit. Da sind immer diese "fb-Erinnerungen" - vor 4 Jahren: in 3 Tagen Countdown, in 2 Tagen Countdown..., die letzten KL-Fotos, die Dokumentationen, die letzten 10 Stunden mit Molly im Revier... Enthusiasmus im Zug nach Annweiler... Hallo, ich bin daaaaa!!!!

In diesen 4 Jahren hatte ich ALLES in meinem Leben! Unabhängigkeit, Freiheit! Vater meinte: "Du bist jetzt endlich erwachsen"... Planungen mit meiner Wohnung - leider ging es nicht richtig, also es war anders. Trotzdem! Geile Erlebnisse, z.B. legendäre XMas-Feier am Heilig Abend 2015 (Vollmond, Freunde, kotzen wegen saufen - ich schäme mich heute noch...), z.B. diverse Partys inkl. "der Garten" (3 Landauer Schnäpse...Ououou...), und dann aber auch meine Planungen und Ziele. Ich hatte endlich meine Berufung zum Seniorenbetreuer. 2016 viel Ehrenamt und Praktika und Januar 2017 bis März/April 2017 zum A-Arbeitsvertrag! Keine Zeitarbeit oder sonstwas, sondern unbefristet und A!! Das kennt Ihr - wenn Ihr möchtet, lach - wenn Ihr von meinem 1.Buch "Blood On The Rooftops" lest. Da waren ja fb-Notizen aus vielen Jahren, auch von 2015, 16, 17. Da merkt Ihr diese Lebensfreude. Es war einfach geil! Wenn ich an KL 2013 denke, da war Ende von KL. 2014 natürlich durch "meine Nr. 1" die erste Sonne (Sommersonnenwende!!), danach 2015 mit dem Umzug und wie gesagt mit Seniorenbetreuer. Und dann wars scheiße!

Mobbing zu dieser XXXXX-Frau und ruckzuck Entlassung. Da hab ich gemerkt, das meine Berufung für meine dankbaren Bewohner/innen gut war, aber nicht für diese MobbingfXXX. Es musste 08/15 sein, stromlinienförmiger Mainstream. Die Bewohner waren für mich individuell, für die Admins war das dann halt scheiße. Die Chefin war wohlgesonnen! Aber sie war krank - zu der Zeit wo dann die MobbingfXXX... Muss aber auch sagen: einige Betreuer/innen waren absolut super!! Aber... Ich dachte, ok, zu dem und dem den nächsten Job bewerben etc. Und dann Schlaganfall! Ich weiß, blablabla... Psychologin, "Betreuerin"/Anwältin, Unfreiheit etc...

Aber natürlich, ich kriegs besser: Kampf! Mut! Wille! Disziplin! Stärke! Zuversicht! Gelassenheit! Liebe! Und natürlich: kein Alkohol, kein Rauch, safety first Gesundheit!

C P 01. Juni 2019 Gerd Steinkoenig Gerd F Steinkoenig Gerd Gerd Bilder, Weisheiten, Sprüche by Gerd Steinkoenig

Weitere Meldungen wurden geladen.

HUMAN NATURE von Europaroulette bis BTW 1983 bis "my Psycho"...

Könnte vielleicht kreativ schreiben... Das rote Gehirnpillchen ist wieder da. Sind so schöne Ideen. Paralelle Synapsen...

Mit was fang ich an? Ach ja, z.B. die Menschheit - sonst nichts... Der Teufel läuft aufs Glatteis... Die Menschheit ist total überdreht und das Roulette wird immer schneller. Die EU-Wahlen tanzen mit der rechten Braut. Klima, Sozialfragen, Respekt, Verbrechen, Meinungen, Politphrasen, das ist alles zu viel durcheinander. Die Deutschen mal wieder richtig in Deutschland! Um Gottes Willen, kein Nazikram!! Aber trotzdem: in den 1970ern waren Deutsche Menschen in Deutschland mit Respekt, Tradition, Anstand, Höflichkeit.. Da war auch tätärä: APO, RAF, Hippies in den 70ern, jaaaaaaaaa!! Und Deep Purple und Pink Floyd und Led Zeppelin in den 70ern, jaaaaaaaa!! Aber es war traditionell deutsch. Zigeunerschnitzel geht nix... Mohrekäpp (uff pälzisch) geht nix... Viel Toleranz mit den fremden Gästen aus dem Ausland: Kreuz geht nix... das und das Fest geht nix...

Das Roulette wird immer schneller! Und deshalb die menschlichen Instinkte, Human Nature. Die einfachen Menschen wählen AfD. Die weltoffenen Menschen wählen Die Grünen oder Die Linken. Die Kleinbürger bzw. der Mittelstand wählt CDU/CSU oder SPD. Aber in Wahrheit das Gleiche... Es sind nur Versprechungen des Momentums... Nach Trump und Twitter mit mehr Gefühle im Bauch unter der Gürtellinie - nicht nur für die Rechten, auch Union oder SPD!

Jetzt bin ich 59 Jahre alt. Ich hatte viele Stationen mit z.B. BTW 1983 mit den Grünen (die legendären 5,6 %) - damals war DAS richtige Momentum, mittlerweile sind die Grünen überhaupt nicht mehr mit 1983 zu vergleichen (Mensch Joschka!). Später SPD, jetzt Die Linke.. Und jetzt?? Verrückt: EU-Wahl - Die Linke, Kommunalwahl - CDU... Wenn man vor Jahren gesagt hätte, das ich CDU gewählt hätte.. Doch!! Wahnsinn... Warum soll ich überhaupt nochmal Wahlen angehen? Ja doch! Wegen der Demokratie! Ohne Demokratie = Anarchie oder Diktatur. Also lieber Demokratie! Demokratie heißt Freiheit, Unabhängigkeit!

Apropo Freiheit und Unabhängigkeit! Und auch wieder Human Nature... Wenn ich dies schreibe wäre das für meine Psycho mal wieder Blödsinn. Sie ist ein egozentrisches Weib mit einem Weltbild was nur sie meint. Die restliche Menschheit von ca 8 Milliarden haben "Ja und Amen" zu sagen! Es ist wieder der Zankapfel Mainstream. Gute Künstler hatten eigene Wege, eigene Kreativitäten - bei Frau Psycho sind meine Bücher Schrott... Obwohl sie kaum liest, sie überfliegt nur. Die Wikipedia z.B. sind immer nur die 2 Zeilen vor dem Inhalt... Oder sie vergisst mal wieder, grins...

Freiheit und Unabhängigkeit in der BRD! Ich bin "außen vor", wegen dieser Anwältin ("Betreuerin"), ich mach mein Kram, aber... Ich bin ja nur... Nix schreiben... Geht nix... Wegen rechtlichen Tätärä...

Auf jeden Fall habe ich meine Freiheit, Unabhängigkeit, Gelassenheit, Demut, Liebe, Glaube, Zukunft, Gesundheit und ich bin mein Weg!! Egal, was die und der und das meinen. Ich bin

Gerd Steinkoenig Gerd F Steinkoenig Gerd Gerd

C P 27. Mai 2019

PS - Running Gag, auf den Punkt...

Musikband - Genesis, Sängerin - Kate Bush, Sänger - David Bowie, TV-Serie - Miami Vice, Film - Das Schweigen der Lämmer, Buch - Die gute Erde (Pearl S Buck), Musikalbum - The Dark Side Of The Moon (Pink Floyd)... Geht doch... Human Nature...

PS II - apropo 1970er... Nicht nur RAF oder Led Zeppelin... Sondern Bürgertum aus sozial-lieberaler Koalition mit Brandt und Schmidt und Genscher: Am laufenden Band mit Rudi Carrell, Dalli Dalli, Der große Preis, Ohnesorg-Theater, ZDF-Hitparade, Musikladen...

10. Juli 2019

Freiheit und Unabhängigkeit ist für immer vorbei!

12CoTa, Ka St und 10 weitere Personen

11 Kommentare

Gefällt mir

Kommentieren

Teilen

Kommentare

Ba v La Das glaube ich nicht wirklich, Freiheit beginnt im Kopf.....

1

Gefällt mir

· Antworten · 1 Tag(e)

ICH KÄMPFE FÜR MEINEN FREIEN WILLEN!

Gerd Steinkoenig·Sonntag, 21. April 2019·2 Mal gelesen

ICH KÄMPFE FÜR MEINEN FREIEN WILLEN! Meine Persönlichkeit gibts nicht mehr... Weil "meine 2 Frauen" machen, was sie wollen! Wegen der Anwältin, die nur motzt oder einfach macht, was sie will. Wegen der Psychologin von Chefin Anwältin...Was ich argumentiere, ist scheißegal!

ICH KÄMPFE FÜR MEINEN FREIEN WILLEN! Neue Entwicklungen mal anders, aber ich kriegs positiv und diplomatisch hin. Mehr Zusamenarbeit mit Mutter! Mutter und ich vs Anwältin/"Betreuerin" und Psychologin!

ICH KÄMPFE FÜR MEINEN FREIEN WILLEN! Safety First für meine Gesundheit! Es kann nicht sein, das diese 2 Frauen gegen meine Gesundheit sind. OK, OK! Die Psychologin ist wirklich gut diesbezüglich! Aber diese Anwältin. Gesundheit? Da hat die biestige Anwältin keine Ahnung. Das ist ihr total scheißegal!

ICH KÄMPFE FÜR MEINEN FREIEN WILLEN! Es kann nicht sein, das diese Anwältin einfach macht und ich weiß gar nichts davon!!!! Wo ist mein freier Wille???? Diese Rechtsanwältin ist kein Mensch!!!! OK OK! Meine Hassliebe Psychologin ist hilfsbereit, aufopfernd, sie ist schon ok... Aber ihren Psychokopf, booaaah!!!! Kann ich einmal meine Persönlichkeit wahrnehmen????!!??

ICH KÄMPFE FÜR MEINEN FREIEN WILLEN! Ich bin normal, kein Depp. Aber ich bin nun mal im staatlichen System. Der Geldkreislauf ist automatisch zwischen mir, Anwältin, Psychologin - natürlich für "meine 2 Frauen"...

ICH KÄMPFE FÜR MEINEN FREIEN WILLEN! Wie im Leben 1, auch nun im Leben 2: Lebensfreude, Lebensneugierde, Lebenspower, Lebenssonne! Wenn ich Fernweh habe, dann lache ich juchzend: hab dann meine Alditüte mit meinen geschriebenen Büchern (Ihr wisst ja, z.B. "Blood On The Rooftops") und nur noch 3 CDs - aus meinen 3 Lieblingsbands (Best of mit R-Kive/Genesis, One/Beatles, Echoes/Pink Floyd). Ansonsten lachend pfeifend durch die Weltgeschichte, durch die Wälder, auf das Bett in der Wiese...

MEIN WILLE, MEINE FREIHEIT!

Titelbild: "Lass es einfach los"

WILLE TEIL 2! ICH HAB DEN KAMPF GESCHAFFT!

Gerd Steinkoenig·Sonntag, 21. April 20193 Mal gelesen

Das wollte ich schnell sagen... Aufregung mit mir (alles loslassen durch mein Gespräch), aber es hat sich gelohnt. Dialoge mit meiner Psychologin, ich hab meinen Willen geschafft! Bei der Notiz über den Willenskampf hatte ich ja gesagt "OK OK, die gute Psychologin"... Wieder Entwicklung und Fortschritt... Jetzt einen coolen Abend, Ihr Lieben! In der Ruhe liegt die Kraft!

Titelbild: "Lass es einfach los"

Weitere Meldungen wurden geladen.

NUR für DIE 3 CDs: Best of Genesis, Pink Floyd, The Beatles (my absolutly favorite bands)

Gerd Steinkoenig·Montag, 22. April 20191 Mal gelesen

Vor Kurzem hatte ich doch in der Notiz DIESE 3 Best of-CDs... Nun dazu ein bisschen MusicHistory! Stell dir vor: statt ca 600 CDs, nur 3 CDs, mit den 3 definitiven 3

Favoritenbands! Ja ja, ich weiß, Led Zeppelin, David Bowie, Neil Young, Kate Bush, Deep Purple, Böhse Onkelz, Sade, Bob Marley, The Police, hahaha...

GENESIS / R-KIVE - "eine fünfköpfige Band mit literarischen Inspirationen, subtil ausgearbeiteten musikalischen Strukturen..." (aus rororo-Rocklexikon, Ausgabe 2008 - wie alle "Gänsefüßchen-Zitate"). "Genesis in den 70er Jahren? Rockmusik mit progressiver Vollendung...". Bis 1975 war Peter Gabriel der Sänger mit Maskerade, Theater und Progrock. Danach wurde Drummer Phil Collins der Sänger. Auch Progrock, z.B. A Trick Of The Tail. Ab 1981 waren Genesis "illusionslose Hitmacher". In dieser 3 CD-Box R-KIVE ist ein guter Überblick. OK, als Insider fehlt Firfth of Fifth oder so. Aber ansonsten wirklich gut mit Progrock inkl. Supper's Ready, The Cinema Show, Ripples... Später die Chartpop-Hits wie Mama oder No Son Of Mine... Besonderer Hinweis gibt es durch die Solosongs von allen Members, z.B. Biko (Peter Gabriel) oder Every Day (Steve Hackett). Schade, das zu wenig Solowerke dabei sind. 4 CD-Box wäre wohl besser gewesen...

PINK FLOYD / ECHOES - "diesen größten Kommerzerfolg lancierten Pink Floyd 1973 mit dem Rockmeisterwerk (Irwin Stambler) The Dark Side Of The Moon einen düsteren Tongemälde über die Pressionen des Alltagslebens und die Reaktionen darauf: Entfremdung, Verdrängung, Schizophrenie". Dies ist seit 1976 (Ersatzenglischlehrer in der Handelsschule) mein Leib- und Magenalbum!! FÜR IMMER!! Das Album The Wall (1979) ist seiner Zeit voraus (gerade jetzt, 2019!!). Pink Floyd hat 3 Teile der Band: Syd Barrett, "von der Realität entfernt", war der Chef, mit dem legendären Underground und schwebte aus der Band raus. Roger Waters war der nächste musikalische Kopf. Die Kompositionen waren von Dark Side bis Final Cut mit seinen unterbewussten Synapsen größtenteils von ihm. Dann war zu viel von Rogers Ego-Trip und dann war David Gilmour der nächste Chef: Best of-LiveShoes... Natürlich super: P.U.L.S.E. ist ein Muss für alle Ewigkeit! Die 2 ECHOES-CDs ist ein schöner Best of mit guter Chronologie: Comfortably Numb, Time, Astronomy Domine...

THE BEATLES / ONE - "Lothar Brandt in Stereoplay:Nun es geht schließlich um wirklich große Musik". In ONE ist wirklich große Musik. Und es ist mit ca 40 Millionen Einheiten das bestverkaufte Album des 21.(!!) Jahrhundert! Wirklich große Musik wäre sehr gut mit A Day In The Life oder While My Guitar Gently Weeps! Ist aber nicht! Aber es ging um 27 Nr. 1-Hits (auch nicht alles! Please Please Me fehlt). Schöner wäre für mich als Best of das rote Album, das blaue Album. Sehr schöner Aufsatz über die Beatles im ISBN-Buch BLOOD ON THE ROOFTOPS.

BEATLES, PINK FLOYD, GENESIS! Auf den Punkt! Aus ca 600 CDs nur noch 3 CDs! Mein Leben mit wenigen Silberlingen mit A Hard Day's Night, Something (The Beatles), Us And Them, Money (Pink Floyd), Afterglow, Tonight Tonight Tonight (Genesis)...

C P 22. April 2019 Gerd Steinkoenig Gerd F Steinkoenig Gerd Gerd

1981 war MEIN Lebensweg, aber leider...

Gerd Steinkoenig·Dienstag, 23. April 2019·5 Mal gelesen

1981 bis 1984... Job in Mannheim... Hätte ich damals DIESEN Gedanken gemacht! Verzweigungen und Wege des Lebens... Paralelluniversen oder so nach Entscheidungen, Lebensschicksale... Ich hatte eine Ausbildung zur mittleren Verwaltungslaufbahn inkl (logisch) Beamter. Hab das natürlich absolviert und dann leider nur noch ein Jahr... Der Personalchef sagt njet. Der Abteilungsleiter sagt ja ja! Aber der Personalchef sagt immer noch njet... Wäre ich noch in diesem Job, dann hätte ich noch ca 6 bis 7 Monaten bis zur Pension. Und dann die Eier schaukeln. Ab 1985 diverse Jobs, die Lebensstrecke nach unten, und jetzt bin ich Kunta Kinte: als Sklave von "Betreuerin"/Anwältin...

Mal wieder ZEITEN - 1875, 1935, 1973, 2005....

Gerd Steinkoenig·Montag, 25. März 2019·1 Mal gelesen

Internet speichert alles! Familienstammbaum von ca. 1815 bis 1875. Vor fast 1 1/2 Jahrhunderten! Komplett andere Zeiten, andere Gespräche, andere Zeitgeister, kein Mensch kannte an Smartphone oder Fernsehen. Waschmaschine??? Was ist das??? Die Familienhierachie war anders. Mit 60 hatten die Frauen schwarze "Säcke" zum Schaukelstuhl... Heute mit 60 sind die Frauen 2019 geil...

Als ich 4 oder 5 Jahre alt war, hatte ich oft alte Männer gesehen. Die Opas hatten entweder nur ein Bein oder eine zerschossene Gesichtshälfte. Ich wusste noch nichts, war halt so.

Formel 1 von toten Rennfahrern 2019? Heute safety first hoch 20! 1970, Radiomeldung, tötlich verunglückt, war damals in Enkenbach, Jochen Rindt tot, war einfach so, war normal. Leben war halt so. Autoanschnallpflicht?? Was ist das? Ist doch Blödsinn!

Heute erzählen von 20jährigen Menschen und haben keine Ahnung von den z.B. 1970ern Jahren. Mein "Running Gag" wieder: Zeitgeister, Gespräche, Kleidungen, Musik, Jobs, Beruf, Gesellschaften, Politik... In den 1970ern hatte man z.B. Meinungsfreiheit und Idealismus und Experimentierfreude - 2019 ist wieder der Muff der Talaren (seit 2017 BTW), Meinungsdiktatur, Staatsmainstream, Oberflächlichkeit und Ablenkung von Internet/facebook/E-Sports etc. In den 1970ern war das völlig anders.

Der Familienstammbaum 1815 bis 1875 ist ewig vergangen, die Stimmen sind 1 Million km weit. Was mein Großvater aus den 1980ern wohl heute meint: was? Diese XXX sind jetzt im Bundestag??? Heute ist normal mit Waschmaschine oder Trockner, Mutter hat bis Ende der 1960er immer geschrubbt. Heute sind 100000000 Flugzeuge am Tag, früher EIN Flugzeug für den Luxus für Tausende Taler - heute für 19 Euro...

Kein Mensch kann die Zeit erfassen von 1876 oder 1935 oder 1973 oder 2005. 1876 ist klar - aber 2005 ist irgendwann auch weg vom Fenster... Die Zeiten, Gedanken, Kreativitäten, Gespräche, Gelächter, Kämpfe, Streits, Harmonie, Liebe von den Menschen mit 1895 oder 1916 oder 1969...

Paralelluniversen durch die diversen Wege: Entscheidungen heißt andere Wege mit anderen Leben - nach 18 Jahren oder 79 Jahren - je nach dem...

Was ich da babbel, that´s all, folks, hahaha :-D

Gerd Steinkoenig Gerd F Steinkoenig Gerd Gerd C P 25. März 2019

Der Beobachter

Gerd Steinkoenig·Samstag, 16. Februar 20191 Mal gelesen

Sind neue technische Sachen. Es gab Momente mit "up to date" by Technik mit Geräten... Die neue Musik ist auch nicht wie früher: neue Entdeckungen über alte Sachen... Gestern "Starsky & Hutch" mit den vertrauten Gesichtern und Namen und Zeitgest-Kameras... "Vor 5 Sekunden", dabei vor gefühlten "1000" Jahren...

Der Beobachter... Ende der 1980er hatte jemand - ich weiß noch die Naturlocation - gesagt, ich wäre ein Beobachter, ein Theoretiker um Themen zu beobachten. Jeeetzt merk ich´s...

Das Beobachten mit dem legendären Stuhl im Straßencafe - sind diverse Zeiten! Ich weiß nicht, das dies gleich ist. Die Menschen sind human nature, klar! Aber sie sind anders - Zeitgeist? Oder selbstverständlich durch Smartphone, facebook, amazon?

Da ist eine Stadt, ein Dorf, eine Naturlocation... Die selben Häuser, Straßen, Parks. Die jungen Menschen sind alt. Der Mensch läuft den Weg entlang, mit vertrautem Eck, aber irgendwie doch anders. Moderne Zeiten. Kudamm oder Big Ben oder Times Square - Wahrzeichen - und doch um die Ecke eine andere Welt oder doch noch das alte Kiosk, das verwitterte Haus und da ist doch die alte Frau, die genau da 1937 glücklich tanzte!

Es ist komisch, ich sehe ein drittes Auge. Seit dem "Break" Herbst 2017, hab ich neue "Hinter der Kulissen".

Der Beobachter: mit Menschen, Liebe, Bücher, Musik, Filme, TV-Serien von Frau X bis Herr Y, von "Die gute Erde bis "Steppenwolf", von "The Dark Side Of The Moon" bis "Das Schweigen der Lämmer"... Und ein Archiv für - wenigstens - für das 20. Jahrhundert: damit auch "I Want Your Love" oder "Einsatz in Manhattan" oder "Supper´s Ready" oder "Fluchtpunkt San Francisko (Original!)" verewigt ist!! Und DIESE "meine" Menschen in meinen 5 oder 6 Leben mit Liebe verewigen!! Und meine Haustiere (Molly!) natürlich auch!

Der Beobachter: Positive Vibrations mit Lebensneugierde mit Positive Love mit positiver Energie mit Lebensarchiv für die Zukunft inkl. "Moments In Love", "Christine", "2001 - Odysee im Weltraum", "Highway Star", "Der Spinner"...

Der Beobachter: Erinnerungen und Querverweise durch Musik mit Menschen...

https://youtu.be/kNCSZBOtib4 Böhse Onkelz - Erinnerungen (Live in Berlin)

"Das Ende ist mein Anfang" (Filmtitel mit Bruno Ganz, seit heute tot)

EPILOG

Vollkommene Fremde (Perfect Strangers / Deep Purple)

Kannst du dich an meinen Namen erinnern, erinnern?

Wie ich durch dein Leben floss

Tausend Weltmeere habe ich durchflossen

o, und den kalten Geist des Eises

Mein ganzes Leben lang bin ich der Widerhall deiner Vergangenheit

Ich sende den Widerhall eines Zeitpunkts zurück

Ferne Gesichter leuchten

Tausend Krieger habe ich gekannt

Und lachend, da der Geist erscheint,

Dein ganzes Leben beschattet einen anderen ag

Und wenn du mich zum Wind sprechen hörst,

Musst du verstehen, dass

Wir vollkommene Fremde bleiben müssen

Ein Silberstrang läuft durch den Himmel

Berührt mehr, als du wahrnimmst

Die Stimme der Zeitalter in deinen Gedanken

Ringt mit dem Tod der Nacht

Kostbares Leben

Deine Tränen sind im fallenden Regen verloren

Und wenn du mich zum Wind sprechen hörst,

Musst du verstehen, dass

Wir vollkommene Fremde bleiben müssen

Bibliografische Information der Deutschen Nationalbibliothek:
Die Deutsche Nationalbibliothek verzeichnet diese Publikation in der Deutschen
Nationalbibliografie; detaillierte bibliografische Daten sind im Internet über http://
dnb.dnb.de abrufbar.

Herstellung und Verlag: BoD – Books on Demand, Norderstedt
ISBN: 978-3-7481-4207-2